WENN DU FRAGEN ODER ANREGUNGEN HAST,
DANN MAILE MIR EINFACH:
archie@happyarchie.de

© 2017 Art in Heaven Betriebs GmbH
Vertrieb:
SHEEPWORLD AG
Am Schafhügel 1
92289 Ursensollen

Printed in Europe
ISBN 978-3-946941-02-6

www.happyarchie.de

DAS AUFSCHIEBEN HAT EIN ENDE!

WIE DU DIE

FAULE SAU

UND DAS PANIKMONSTER

BESIEGST!

WARUM KRIEGEN WIR MANCHE SACHEN EINFACH NICHT GEREGELT?

HALLO, GRÜSS DICH, ICH BIN DER ARCHIE.

IN DIESEM BUCH GEHT ES UM DAS THEMA „AUFSCHIEBEN". KENNST DU DAS?

Da liegt z. B. seit 6 Wochen diese blöde Rechnung auf deinem Tisch und die zweite Mahnung ist auch schon da. Anstatt die Rechnung zu bezahlen, schiebst du sie auf deinem Schreibtisch einfach immer wieder von links nach rechts. Wenn du sie nicht bezahlen kannst, kann ich das ja noch verstehen. Aber oft gibt es einen anderen Grund, stimmt's?

Heimlich hoffst du, dass die Sache sich von selber erledigt. Du hattest dieses blöde Ding schon mehr als zwanzigmal in der Hand und trotzdem ist sie immer noch nicht bezahlt. Aber warum eigentlich? Was ist denn so schwer daran, mal eben drei Minuten deiner Zeit zu opfern und den Fall zu erledigen? Hier kommt der Grund:

TA-TA-RA-TAAA!
DARF ICH VORSTELLEN: DIE FAULE SAU!

DIE FAULE SAU

Die faule Sau lebt in deinem Verstand und sie flüstert dir dauernd was ins Ohr.

Sie liegt herum, tut nichts, wird fetter und fetter und macht dir das Leben dadurch schwerer und schwerer. Die faule Sau mag nämlich keine Anstrengung und wenn unangenehme Dinge auf sie zukommen, stöhnt sie gleich: „Oh neeeee, auch das noch" und deine Laune fährt automatisch in den Keller. Sofort hast du keinen Bock mehr, dich mit dem Thema zu beschäftigen.

Für die faule Sau muss es immer easy sein und Spaß machen. Alles Schwierige wird sofort weggeschoben. Eigentlich solltest du die Steuererklärung heute machen. Stattdessen grunzt dir die faule Sau ins Ohr: „Das Wetter ist einfach zu schön, um zu arbeiten – geh lieber 'ne Pizza essen mit deinen Freunden."

Und – schwupps – hast du vergessen, was du machen solltest und bald flattert die nächste Mahnung zur Tür herein ... .

KATZENJAMMER

Klar, das Pizzaessen mit deinen Freunden war natürlich schöner als am Schreibtisch zu arbeiten.

Aber mal ehrlich: eigentlich bist du den ganzen Abend unruhig auf deinem Stuhl rumgerutscht, hattest ein schlechtes Gewissen und die Pizza hat auch nicht so richtig geschmeckt. In Gedanken warst du nämlich ganz woanders ... .

Genau, bei deiner Steuererklärung!

Es ist ja auch nicht das erste Mal, dass du sie in Angriff nehmen wolltest und wieder mal was „dazwischen kam".

So langsam rennt dir die Zeit davon und du weißt genau, dass du nicht drum rumkommen wirst, die Sache zu erledigen. Aber die faule Sau grunzt in dein Ohr: „Morgen ist auch noch ein Tag ... ."

DAS PANIKMONSTER

Und dann brennt plötzlich die Hütte! Gut, dass es das Panikmonster gibt: „Ja seid ihr denn von allen guten Geistern verlassen???", brüllt es und rennt aufgeregt hin und her, „Die Steuererklärung ist längst überfällig und ihr kriegt den Arsch einfach nicht hoch!"

So, jetzt ist die Kacke am Dampfen. Das versetzt selbst die faule Sau in helle Aufregung: „Oh, Gott! Oh, Gott! ... Wir müssen handeln, wir müssen handeln ... ." Und plötzlich – mit der Angst im Nacken – schaffst du es, die Sache in letzter Sekunde zu erledigen.

Eigentlich hat es nur ein paar Stunden gedauert. Und dafür hattest du nun wochenlang diesen latenten Stress an der Backe.

Puh, jetzt bist du natürlich total fertig. „Erst mal auf die Couch und ausruhen", flüstert dir die faule Sau ins Ohr. Auf dem Weg ins Wohnzimmer siehst du noch eine ganz dringende Rechnung. Du denkst „Mach ich morgen ... ", schlurfst zur Couch und dann geht das Spielchen wieder von vorne los ... .

HIER LIEGT DAS EIGENTLICHE PROBLEM

Im Grunde ist es ganz einfach. Wir verdrängen eben gerne alles, was unangenehm ist. Frei nach dem Motto: Augen zu, was ich nicht sehe, gibt es auch nicht.

Aber hey, weißt du was? Das ist das Werk der faulen Sau! Sie verbreitet Null-Bock-Stimmung in dir, macht dich matschig in der Birne und zieht dich dabei immer mehr in den Sumpf.

Ich verrate dir jetzt mal was: es ist noch nie irgendetwas durchs Aufschieben besser geworden. Nie! Es wird dadurch immer nur schlimmer. Manchmal sogar richtig schlimm.

Merk dir das: Am Ende zahlst du nur drauf. Und die faule Sau ist komischerweise immer verschwunden, wenn es ans Zahlen geht.

Also tu dir selbst einen Gefallen und behalt deine Augen offen – gerade wenn es Probleme gibt.

MACH EINE LISTE
UNERLEDIGTER PUNKTE

Mein erster Tipp an dich: Schreib erstmal alles runter, was an unerledigten Sachen bei dir ansteht.

Diese Übung wird dir relativ leichtfallen, weil die faule Sau nichts gegen Planung im Kopf hat. Das ist ja noch keine richtige Arbeit. Erst wenn es darum geht, wirklich etwas zu tun, wird sie sich melden. Vor allem, wenn es mit Anstrengung verbunden ist ... .

Ok, ist deine Liste fertig?

Super!

Weiter geht's.

DRINGLICHKEITS-LISTE:

DRINGEND	WICHTIG	SONSTIGES
STEUER-ERKLÄRUNG	HUNDE IMPFUNG	ITUNES LIEDER DOWNLOADEN
INTERNET RECHNUNG ZAHLEN	PARTY PLANEN FÜRS WOCHENENDE	WAGEN IN DIE WASCHSTRASSE
ARZTTERMIN MACHEN	PC BACK UP MACHEN	GRAUE HAARE FÄRBEN
MIETRÜCKSTÄNDE BEZAHLEN	MIT LEHRERN TREFFEN	LEERE FLASCHEN WEGBRINGEN
KRANKE MUTTER BESUCHEN	ZIMMER AUFRÄUMEN	KNOPF ANNÄHEN

DRINGEND, WICHTIG, GEHT SO

Ordne jetzt deine Liste nach Dringlichkeit:

DRINGEND: Dringend ist alles, was kurz vorm Anbrennen ist. Das Panikmonster ist sozusagen schon am Ausrasten. So nach dem Motto: „Wenn die Kohle bis morgen nicht da ist, dann gibt es die Kündigung!" Du weißt schon, was ich meine … . Als allererstes solltest du immer diese Dinge erledigen.

WICHTIG: Jetzt kommen die Sachen dran, die wichtig sind, aber bei denen nicht gleich morgen die Hütte abbrennt. Am besten notierst du dir einen genauen Termin, bis wann die Sachen erledigt sein müssen und nimmst dir dann eine Sache nach der anderen vor.

SONSTIGES: Die dritte Kategorie sind all die Dinge, die irgendwann mal erledigt werden müssen. Immer, wenn du etwas Luft hast, dann kannst du da drangehen. Nur bitte nicht so lange auflaufen lassen, bis sie dringend werden … .

DAS SCHWIERIGSTE ZUERST

Nimm dir jetzt das allerschwierigste Thema vor und versuch dabei cool zu bleiben. Sage dir selber: „Alles kein Problem, ich erledige das jetzt ganz locker."

Leg deine Lieblingsmusik auf, bring dich in eine gute Stimmung, tief durchatmen und los. Was ist zu tun?
Schreib dir die Schritte auf.
Mal dir aus, wie toll du dich fühlen wirst, wenn du die Sache hinter dich gebracht hast. Sieh dich gedanklich schon als Sieger über die faule Sau!

Der 1. Schritt ist meistens immer der Schwierigste. Jetzt darfst du dich nicht mehr ablenken lassen. In dem Augenblick, wo du anfängst was zu tun, hast du gewonnen und die faule Sau ist überlistet.

Wenn du die schwierigste Sache in den Griff bekommen hast, dann belohn dich auf jeden Fall dafür! Geh lecker Essen oder gönn dir sonst was Schönes. Alles, was danach kommt, wird lange nicht mehr so schwer sein.

LEG DIR TERMINE

Früher habe ich immer gedacht, dass man den Tag einfach so nehmen sollte, wie er kommt. Ohne große Planung. Dann habe ich aber gemerkt, dass ich damit unheimlich viel Zeit vertrödle. Wenn du Aufgaben erfüllen oder Dinge im Leben erreichen willst, dann brauchst du einen Plan. Vor allem einen Zeitplan. Denn sonst wirst du in 10 Jahren immer noch davon träumen.

Ein Zeitplan heißt konkret: Bis Freitag zahl ich die Rechnung, bis zum 30. März mach ich die Steuer, bis 14 Uhr heute habe ich das Zimmer aufgeräumt. Schreib dir das in deinen Kalender und dann halt dich auch wirklich an den Termin!

Je öfter du das machst, desto schneller wird die faule Sau in dir schrumpfen. Irgendwann ist sie so klein, dass du sie gar nicht mehr hörst. Und dann kann es in deinem Leben so richtig losgehen!

M	D	M	D	F
MUTTER BESUCHEN	OMAS GEBURTSTAG		SPORT	GEBURTSTAG JENNY
	WILLI TREFFEN	MIETE ZAHLEN		AUTO WASCHEN
FITNESS-STUDIO		FITNESS-STUDIO	ELTERN-SPRECHTAG	FITNESS-STUDIO
FREIHALTEN	WÄSCHE MACHEN		ZUM TÜV	
SPORT	ARZT-TERMIN	EINKAUFEN		

WENN DAS PROBLEM ZU GROSS IST, DANN TEILE ES AUF.

Es gibt Dinge, die macht man mal so eben mit links. Schwupps – erledigt. Aber kniffligere Themen solltest du Schritt für Schritt angehen. Eine Steuererklärung kannst du z. B. aufteilen:

Heute such ich erst mal alle Belege zusammen. Morgen mache ich die Reisekostenabrechnung und so weiter … .

Mach jeden Tag ein Stückchen und dann ist es bald geschafft. So habe ich auch diese Bücher geschrieben.

Wichtig ist, dass du dir immer eine bestimmte Zeit vornimmst und dann die Sachen auch wirklich machst.

Verabrede dich mit dir selbst und halte deinen Termin ein! Glaub mir, der Tipp ist Gold wert.

SORG FÜR GUTE STIMMUNG

Wenn man emotional im Keller ist, dann ist das Leben schwer und alles kostet Kraft. So hast du weder Bock noch die Power, dich mit unangenehmen Sachen zu beschäftigen. In solchen Fällen nimmst du dir lieber ein Bier, setzt dich vor die Kiste oder surfst 'n bisschen im Internet. Stimmt's?

Wenn du aber ausgeruht, wach und mit Spaß an ein Thema rangehst, dann ist es manchmal so schnell erledigt, dass du dich selber wunderst.

DESHALB MEIN TIPP: Bevor du dich nur rumquälst, stell dich vor den Spiegel und zieh drei Minuten lang Grimassen. Du wirst dich halbtot lachen! Oder mach Musik an, hops ein paar Mal durchs Zimmer und sag dir selber:

„Ey, ich bin Superman/Superwoman. Ich bin sowas von gut drauf! Ich schaffe alles! Her mit der Scheiße!"

VERÄNDERE DEINE GEDANKEN

Es gibt ein paar Spielregeln im Leben. Eine davon ist: wenn du keine Verantwortung für deine Sachen übernimmst, dann knallt dir das irgendwann um die Ohren. Was du wegschiebst, das beißt dich später.

Das heißt aber auch umgekehrt: Wenn du lernst, unangenehme Dinge locker und gut gelaunt anzugehen, dann kommt auch was Gutes dabei rum!

Aber was, wenn die faule Sau dauernd dazwischenfunkt?

Dann musst du die Gedankenpolizei anrufen. Die müssen erstmal dafür sorgen, dass alle Ausreden, Ablenkungen und Rechtfertigungen verhaftet werden. So, nun kannst du wieder frei denken und merkst:

DIE BESTE ENTSCHEIDUNG IST IMMER, DIE DINGE SOFORT ZU MACHEN!

WIE DU AUS ANSTRENGUNG POWER MACHST

Die Bequemlichkeit der faulen Sau ist echt 'ne Falle. Wenn du Anstrengungen immer gleich meidest, ist das wie ein großes „Nein" auf deiner Stirn. Aber hey, weißt du was? Die besten Dinge im Leben sind irgendwie anstrengend. Sport machen ist anstrengend. Das Geld für ein Haus sparen ist anstrengend. Ein Kind bekommen ist echt anstrengend … . Das heißt, du sagst damit irgendwie „nein" zu den besten Dingen im Leben!

Gewöhn dir an, öfter „ja" zu sagen zu den Anstrengungen. Mach dir klar, was du dabei gewinnst. Wenn du die Steuererklärung rechtzeitig machst, dann hast du endlich Zeit für schönere Sachen. Wenn du deine Rechnungen pünktlich bezahlst, dann sparst du dir nämlich das Geld für die ganzen Mahngebühren und machst damit was viel Besseres!

Gönn dir ein gutes Leben! Du hast es dir verdient. Und Schritt eins ist, dass du dir den Stress nimmst, immer alles auf den letzten Drücker zu machen.

DEIN NEUES GEDANKEN-PROGRAMM

Wenn du dich immer wieder dabei ertappst, Dinge aufzuschieben, dann brauchst du ein neues Software-Programm. Statt dir immer wieder zu sagen, dass du kein Bock hast, dass alles so anstrengend ist und dass du einfach nicht willst, kannst du dich selber mit neuen motivierenden Sätzen unterstützen.

So zum Beispiel „Dringende Sachen erledige ich immer sofort" oder „Ich bin immer superfrüh dran mit allem, was ansteht" oder „Ich bin einfach der Oberchecker und deshalb super pünktlich".

Schreib dir solche Motivationssätze in deinen Kalender oder kleb dir kleine Zettel an den Spiegel oder Computer. Hauptsache, du liest die Sätze so oft, dass sie dir in Fleisch und Blut übergehen.

Denk immer an dein Ziel und dann formulier dir deine eigenen Sätze, die dich dabei unterstützen, es zu erreichen.

HAU MAL SO RICHTIG AUF DIE KACKE

Nimm dir dein größtes Aufschiebe-Thema und jetzt erzähl möglichst vielen Leute, dass du sowas wie Aufschieben gar nicht kennst und dass du selbst die unangenehmsten Themen mit heiterer Gelassenheit angehst. Hau so richtig auf den Putz. Es muss nur so stauben!

So, jetzt stehst du natürlich doof da, wenn du es nicht tust.

Mach dir also selber Feuer unterm Hintern, sodass es kein Zurück mehr gibt.

Ich hab bei mir persönlich auch festgestellt, dass ich manchmal Druck brauche, um in die Pötte zu kommen. Wenn es kein Versprechen oder feste Termine gibt, dann geht bei mir die Energie runter. Am liebsten mag ich es, wenn alle sagen: „Das ist doch gar nicht zu schaffen!" Doch dann kommt der große Archie und zeigt es allen. Schon ein bisschen bekloppt, oder? Bei anderen ist es genau umgekehrt. Sobald sie Druck spüren, geht gar nichts mehr. Jeder ist halt anders.

AUFWACHEN!

Wir reden hier ja über das Aufschieben von Dingen und denken dabei hauptsächlich an unser tägliches Leben.

Aber jetzt schau mal, ob du vielleicht große Pläne oder Träume verschoben hast. Vielleicht wolltest du mal irgendwas anderes im Leben machen? Etwas, was dir mehr Spaß machen würde? Du hast dann vielleicht immer gesagt: „Grade geht es nicht, aber irgendwann werde ich es mal machen."

Also, wenn du große Träume aufgeschoben hast, dann geh sie JETZT an! Starte einfach heute und freu dich über die Herausforderung.

Noch was: Wenn es leicht wäre, könnte es ja jeder. Große Ziele bedeuten einfach auch größere Anstrengung. Ist aber logisch, oder?

Also kill die faule Sau in dir, mach dir einen guten Plan, setz dir Ziele, hol dir bei Bedarf die Gedankenpolizei und mach HEUTE den 1. Schritt.

Es ist egal, wieviele Schritte du bis zum Ziel brauchst und ob du kleine oder große Schritte machst. Hauptsache, du gibst nicht auf und erreichst am Ende dein Ziel!

HUND FÜTTERN
(2 MINUTEN)

MÜLL RAUSBRINGEN
(3 MINUTEN)

MUTTER ANRUFEN
(5 MINUTEN)

EMAIL SENDEN
(5 MINUTEN)

**SPÜLMASCHINE
AUSRÄUMEN**
(5 MINUTEN)

WAS DU GLEICH TUN KANNST, DAS TU GLEICH!

Ich habe mir selber eine Regel auferlegt. Egal, was im Leben auf mich zukommt: Wenn ich weiß, ich kann es in drei bis fünf Minuten erledigen, mache ich es immer sofort.

Früher z. B. habe ich meine E-Mails immer erst alle gelesen und später beantwortet. Dann hab ich gemerkt, dass ich dadurch sehr viel Zeit verplempere. Jetzt antworte ich immer sofort und die Sache ist erledigt.
Genauso mache ich das mit anderen Kleinigkeiten: Belege abheften, etwas wegräumen, kurze Telefonate tätigen. Das spart nicht nur Zeit, sondern der Kopf wird dann frei für andere Sachen!

Was erledigt ist, ist erledigt. Ich kann es aus meinen Gedanken streichen. Wenn es nicht erledigt ist, denke ich wahrscheinlich noch 100-mal dran. Das ist reine Energieverschwendung!

ALSO SEI SCHLAU UND MACH'S GLEICH!

SETZE DIR DEADLINES

Eine Deadline ist ein Zeitpunkt, bis zu dem etwas spätestens erledigt werden muss. Hast du keine Deadline, bleibt das Meiste unbearbeitet.
Manchmal bekommst du solche Fristen von außen gesetzt. Wenn nicht, dann musst du sie dir einfach selber setzen.

Für mich ist es immer wieder ein Wunder, wenn ich sehe, was ich schaffe, wenn ich z. B. für längere Zeit wegfliege. In der Zeit, in der ich weg bin, darf natürlich nichts anbrennen. Also muss ich sehen, dass ich vorher noch alles erledigt bekomme.

Fazit: Wir denken viel zu viel über die Sachen nach, anstatt sie einfach zu machen!

Noch ein Tipp für ein entspanntes Leben: Setz die Deadlines nicht zu knapp. Irgendwas kann immer schiefgehen und dann kommst du wieder zeitlich in Stress. Lass dir für diese Fälle lieber ein bisschen Zeit als Puffer übrig.

DAS ZAUBERWORT HEISST: MACHEN!

DRAUSSEN TOBT DAS LEBEN

Neben der Bequemlichkeit und Faulheit gibt es auch noch die Unlust der faulen Sau. Sie grunzt dann: „Nee, da hab ich jetzt absolut keinen Bock drauf." Das gilt nicht nur für unangenehme Dinge, sondern auch für Spaßsituationen in deinem Leben.

Du lümmelst zum Beispiel schon im Jogginganzug auf der Couch und dann rufen Freunde an „Wir sind zufällig in der Stadt. Lass uns was unternehmen." Und die faule Sau jammert: „Oh ne, jetzt wieder anziehen und rausgehen ... ."

Aber da draußen tobt das Leben! Ich hab es noch kein einziges Mal bereut, dass ich mich aufgerafft habe. Aber ich hab es sehr wohl bereut, dass ich ein paar Mal zu faul war. Tja, wer zu viel rastet, der rostet und gehört bald zum alten Eisen.

DESHALB MEIN TIPP: Wenn du Unlust spürst, raff dich auf und schmeiß dich einfach ins Leben. Meistens merkt man erst hinterher, wie doof das gewesen wäre, sich so ein schönes Erlebnis entgehen zu lassen.

NUR DAMIT WIR UNS RICHTIG VERSTEHEN

Hey, also ausruhen und Spaß haben ist natürlich auch total wichtig. Aber eben erst nach getaner Arbeit.

Ab und zu verabrede ich mich mit meiner Frau zu einem Fernsehabend. Dann schalten wir mal so richtig ab und genießen irgendeine Komödie oder einen dieser kitschigen Liebesfilme. Dabei können wir herrlich entspannen.

Also kurz gesagt: Wenn alles im Leben ausgewogen ist, dann gibt es nirgends Stress.

So, wir sind am Ende des kleinen Büchleins angelangt. Ich hoffe, ich konnte dir ein paar wertvolle Tipps geben.

Eins ist sicher: Aufschieberitis ist heilbar! Du musst nur ein bisschen was dafür tun. Wenn du es geschafft hast, wirst du staunen, wieviel Zeit du plötzlich hast. Zeit für die schönen Dinge des Lebens!

Ich wünsch dir nur das Beste.

DEIN ARCHIE

ARCHIE - LIVING A HAPPY LIFE

1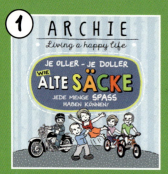

Art.Nr.: 94100

2

Art.Nr.: 94101

3

Art.Nr.: 94102

4

Art.Nr.: 94103

5

Art.Nr.: 94104

6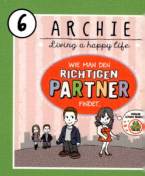

Art.Nr.: 94105

WENN DU FRAGEN ODER ANREGUNGEN HAST,
DANN MAILE MIR EINFACH.
archie@happyarchie.de • www.happyarchie.de